So wird es gemacht:

Öffne das LÜK®-Lösungsgerät und lege die Plättchen in den unbedruckten Deckel.
Jetzt kannst du auf den Plättchen und im Geräteboden die Zahlen 1 bis 24 sehen.

Wir sind Frau Plus und Herr Minus und wollen dir in diesem Heft ein wenig helfen.

Das ist ja ganz einfach!

Wenn du das bei der Übungsreihe abgebildete Lösungsmuster siehst, hast du alle Aufgaben richtig gelöst.

Beispiel: Seite 2
Zehnerbündel und Einer

Nimm das Plättchen 1 und sieh dir Aufgabe 1 an! Wie viele Steckwürfel sind das?... Es sind 6 Zehner und 4 Einer. Suche nun in der Lösungsspalte die richtige Antwort. Neben der Antwort steht die Zahl **12**. Die 12 ist auch die Feldzahl im Lösungsgerät, auf die du das Plättchen 1 legst, also Plättchen 1 auf das Feld 12 im Geräteboden. Die Zahl **1** muss nach oben zeigen.

Passen einige Plättchen nicht in das Muster, dann hast du dort Fehler gemacht. Drehe diese Plättchen da, wo sie liegen, um, schließe das Gerät, drehe es um und öffne es wieder. Jetzt kannst du sehen, welche Aufgaben du falsch gelöst hast. Nimm diese Plättchen heraus und suche die richtigen Ergebnisse.
Kontrolliere dann noch einmal. Stimmt jetzt das Muster?
Das System ist für alle Übungen gleich: Die roten Aufgabennummern im Heft entsprechen immer den LÜK-Plättchen aus dem Lösungsgerät. Die Feldzahlen bei den Lösungen sagen dir, auf welche Felder im Lösungsgerät die Plättchen gelegt werden.
Bei den meisten Übungen ist die Kontrolle nach Lösung der Aufgaben 1 bis 12 möglich.
Lege dann auch nur diese Plättchen in das Kontrollgerät.

So arbeitest du weiter, bis alle Plättchen im Geräteboden liegen. Schließe dann das Gerät und drehe es um. Öffne es von der Rückseite.

Und nun viel Spaß!

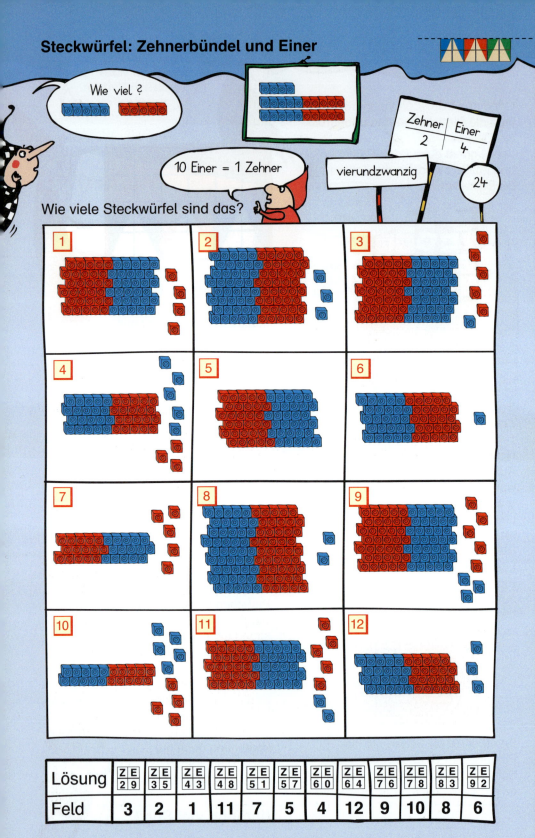

Der Zahlenstrahl bis 100 und Zahlenvergleiche

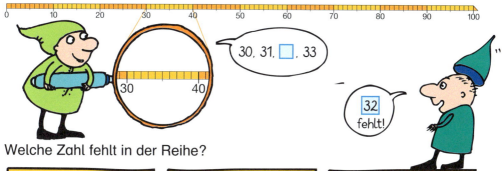

Welche Zahl fehlt in der Reihe?

1	27, 28, ☐, 30	5	80, ☐, 82, 83	9	49, 50, ☐, 52
2	64, ☐, 66, 67	6	42, 43, ☐, 45	10	59, ☐, 61, 62
3	45, 46, ☐, 48	7	22, ☐, 24, 25	11	35, 36, ☐, 38
4	69, ☐, 71, 72	8	56, 57, ☐, 59	12	72, ☐, 74, 75

Lösung	23	29	37	44	47	51	58	60	65	70	73	81
Feld	10	5	12	4	2	1	11	8	3	6	9	7

Zahlenvergleiche

kleiner als, gleich oder größer als?

Vergleiche die Zahlen. Welches Zeichen stimmt?

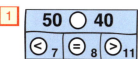
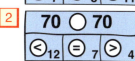
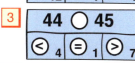
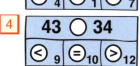

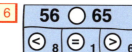
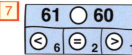

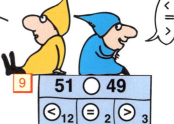
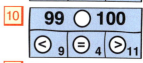
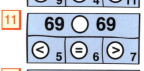
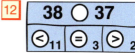

Geldbeträge bis 100 Cent

Wie viel ct sind das?

Lösung	Feld
16 ct	16
18 ct	20
19 ct	15
20 ct	21
25 ct	22
30 ct	23
40 ct	19
50 ct	14
60 ct	24
80 ct	13
90 ct	18
100 ct	17

Geldbeträge bis 100 Euro

Wie viel € sind das?

Lösung	Feld
17 €	8
19 €	9
20 €	7
25 €	1
30 €	12
41 €	10
52 €	6
60 €	5
71 €	11
81 €	2
91 €	4
100 €	3

Addieren von Einern ohne Zehnerüberschreitung

Beispiel: 3 + 2 = ☐   Beispiel: 33 + 2 = ☐

1	15 + 5 =	5	16 + 2 =	9	52 + 3 =
2	25 + 5 =	6	26 + 2 =	10	42 + 3 =
3	36 + 4 =	7	43 + 6 =	11	41 + 5 =
4	46 + 4 =	8	53 + 6 =	12	31 + 5 =

1 bis 12	Lösung	18	20	28	30	36	40	45	46	49	50	55	59
	Feld	1	9	18	17	6	14	2	4	5	10	13	3

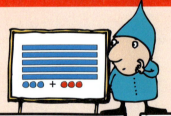

13	53 + 3 =	17	42 + 7 =	21	75 + 4 =
14	53 + 5 =	18	52 + 7 =	22	65 + 4 =
15	51 + 4 =	19	64 + 4 =	23	61 + 6 =
16	51 + 6 =	20	44 + 4 =	24	71 + 6 =

13 bis 24	Lösung	48	49	55	56	57	58	59	67	68	69	77	79
	Feld	15	11	19	21	22	23	20	16	12	24	8	7

Subtrahieren von Einern ohne Zehnerüberschreitung

Beispiel: 5 – 3 =   Beispiel: 45 – 3 =

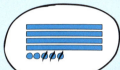
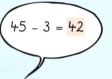

1	19 – 9 =	5	66 – 2 =	9	26 – 4 =
2	29 – 9 =	6	56 – 2 =	10	66 – 4 =
3	47 – 7 =	7	18 – 7 =	11	39 – 6 =
4	57 – 7 =	8	38 – 7 =	12	49 – 6 =

1 bis 12

Lösung	10	11	20	22	31	33	40	43	50	54	62	64
Feld	16	8	14	18	10	21	5	19	3	1	23	12

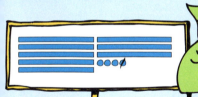

13	84 – 1 =	17	64 – 3 =	21	69 – 6 =
14	84 – 3 =	18	74 – 3 =	22	59 – 6 =
15	99 – 5 =	19	86 – 1 =	23	87 – 3 =
16	99 – 7 =	20	56 – 1 =	24	77 – 3 =

13 bis 24

Lösung	53	55	61	63	71	74	81	83	84	85	92	94
Feld	13	22	20	24	17	11	2	4	9	7	15	6

Addieren und Subtrahieren mit Zehnerzahlen und Einern

Beispiel: 20 + 3 = ◼

20 + 3 = 23

1. 40 + 5 = ◼
2. 40 + 15 = ◼
3. 40 + 25 = ◼

4. 40 + 13 = ◼
5. 50 + 13 = ◼
6. 60 + 13 = ◼

7. 2 + 40 = ◼
8. 12 + 40 = ◼
9. 22 + 40 = ◼

10. 27 + 20 = ◼
11. 37 + 20 = ◼
12. 47 + 20 = ◼

1 bis 12												
Lösung	42	45	47	52	53	55	57	62	63	65	67	73
Feld	13	21	18	15	22	20	16	24	17	23	14	19

Beispiel: 43 − 20 = ◼

43 − 20 = 23

13. 54 − 20 = ◼
14. 44 − 20 = ◼
15. 34 − 20 = ◼

16. 65 − 30 = ◼
17. 55 − 30 = ◼
18. 45 − 30 = ◼

19. 76 − 60 = ◼
20. 76 − 50 = ◼
21. 76 − 40 = ◼

22. 47 − 10 = ◼
23. 47 − 20 = ◼
24. 47 − 30 = ◼

13 bis 24												
Lösung	14	15	16	17	24	25	26	27	34	35	36	37
Feld	11	12	1	5	7	2	3	4	9	10	6	8

Ergänzen

① 67 + **3** = 70. Lege Plättchen ① in Feld 17.

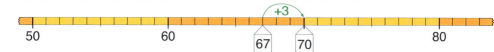

Ergänze zur vollen Zehnerzahl.
Beachte bei der Lösungszahl auch die richtige Farbe!

① 67 + ☐ = 70	⑤ 54 + ☐ = 60	⑨ 34 + ☐ = 40
② 65 + ☐ = 70	⑥ 66 + ☐ = 70	⑩ 87 + ☐ = 90
③ 63 + ☐ = 70	⑦ 73 + ☐ = 80	⑪ 51 + ☐ = 60
④ 61 + ☐ = 70	⑧ 45 + ☐ = 50	⑫ 96 + ☐ = 100

Lösung	3	3	4	4	5	5	6	6	7	7	9	9
Feld	17	20	16	22	23	15	13	19	14	21	24	18

Subtrahieren mit Zehnerzahlen und Einern

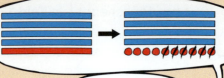

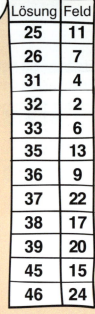

	1 bis 12	
	Lösung	Feld
	25	11
	26	7
	31	4
	32	2
	33	6
	35	13
	36	9
	37	22
	38	17
	39	20
	45	15
	46	24

1 30 − 4 =
2 40 − 4 =
3 50 − 4 =
4 40 − 1 =
5 40 − 2 =
6 40 − 3 =

7 50 − 5 =
8 40 − 5 =
9 30 − 5 =
10 40 − 7 =
11 40 − 8 =
12 40 − 9 =

13 bis 24	
Lösung	Feld
41	16
44	3
55	14
57	19
65	23
67	18
72	5
73	8
79	21
83	1
86	12
88	10

13 60 − 3 =
14 80 − 1 =
15 70 − 5 =
16 80 − 7 =
17 50 − 6 =
18 90 − 4 =

19 50 − 9 =
20 90 − 7 =
21 80 − 8 =
22 90 − 2 =
23 60 − 5 =
24 70 − 3 =

Kopfrechnen bei Zahlenmauern aus sechs Steinen

Rechne so: 8 + 4 = 12
            4 + 4 = 8
            12 + 8 = 20

Lege Plättchen 1 in Feld 19.

Wie heißt die Zahl in der Spitze?

1 bis 12

Lösung	Feld
15	21
20	19
25	23
30	17
35	14
40	13
50	18
60	16
70	15
80	24
90	22
100	20

13 bis 24

Lösung	Feld
47	8
50	12
55	1
60	4
63	3
65	5
74	6
77	2
84	11
93	10
95	7
97	9

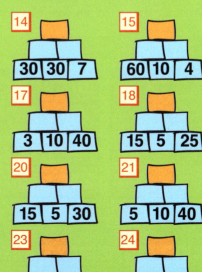

Addieren von Einern mit Zehnerüberschreitung

Beispiel: 39 + 7 =

39 + 1 = 40
40 + 6 = 46

9 + 7 = 16
30 + 16 = 46

40 + 7 = 47
47 − 1 = 46

Wie rechnest du?

+7

30   40   50

1	6 + 8 =	5	9 + 4 =	9	14 + 7 =
2	16 + 8 =	6	19 + 4 =	10	24 + 7 =
3	36 + 8 =	7	39 + 4 =	11	35 + 7 =
4	56 + 8 =	8	59 + 4 =	12	45 + 7 =

1 bis 12

Lösung	13	14	21	23	24	31	42	43	44	52	63	64
Feld	11	13	17	4	15	24	20	9	6	22	7	2

Rechne bis 100 wie im Zahlenraum bis 20.

13	74 + 7 =	17	49 + 5 =	21	58 + 7 =
14	49 + 3 =	18	75 + 7 =	22	43 + 8 =
15	68 + 6 =	19	52 + 9 =	23	36 + 6 =
16	51 + 8 =	20	67 + 3 =	24	58 + 4 =

13 bis 24

Lösung	42	51	52	54	59	61	62	65	70	74	81	82
Feld	8	16	3	21	14	10	12	23	19	5	1	18

Subtrahieren von Einern mit Zehnerüberschreitung

Beispiel: 75 – 8 =

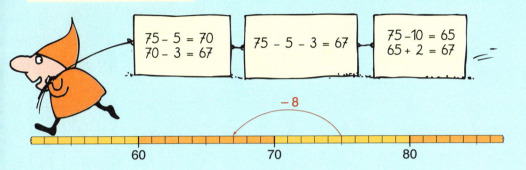

1	17 – 8 =	5	12 – 5 =	9	25 – 7 =
2	27 – 8 =	6	22 – 5 =	10	35 – 7 =
3	47 – 8 =	7	32 – 5 =	11	53 – 7 =
4	67 – 8 =	8	52 – 5 =	12	63 – 7 =

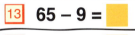

Lösung	7	9	17	18	19	27	28	39	46	47	56	59
Feld	23	8	9	12	10	21	24	11	20	19	22	7

> Es gibt viele Rechenwege.

13	65 – 9 =	17	32 – 4 =	21	53 – 6 =
14	44 – 6 =	18	33 – 7 =	22	43 – 7 =
15	52 – 7 =	19	51 – 2 =	23	36 – 9 =
16	56 – 8 =	20	74 – 8 =	24	42 – 8 =

13 bis 24

Lösung	26	27	28	34	36	38	45	47	48	49	56	66
Feld	6	13	16	17	4	3	5	18	2	15	1	14

Addieren von zweistelligen Zahlen ohne Zehnerüberschreitung

Beispiel: 32 + 26 = ◻

32 + 20 = 52
52 + 6 = 58

32 + 6 = 38
38 + 20 = 58

32 + 6 + 20 = 58

32 + 20 + 6 = 58

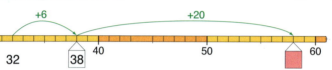

1 bis 12

Lösung	Feld
16	2
18	11
19	12
29	9
36	6
38	1
39	7
46	22
47	21
57	5
58	10
67	8

1 16 + 3 =
2 16 + 13 =
3 16 + 23 =
4 13 + 5 =
5 13 + 25 =
6 13 + 45 =

7 35 + 12 =
8 35 + 22 =
9 35 + 32 =
10 11 + 5 =
11 21 + 15 =
12 31 + 15 =

13 41 + 18 =
14 62 + 22 =
15 54 + 23 =
16 63 + 24 =
17 55 + 21 =
18 42 + 26 =
19 35 + 43 =
20 46 + 21 =
21 62 + 13 =
22 43 + 52 =
23 27 + 42 =
24 55 + 34 =

13 bis 24

Lösung	59	67	68	69	75	76	77	78	84	87	89	95
Feld	23	18	20	17	14	15	19	16	3	24	13	4

Subtrahieren von zweistelligen Zahlen ohne Zehnerüberschreitung

Beispiel: 49 − 26 = ☐

49 − 6 − 20 = 23

49 − 20 − 6 = 23

49 − 6 = 43
43 − 20 = 23

40 − 20 = 20
9 − 6 = 3
20 + 3 = 23

[1] bis [12]

Lösung	Feld
31	10
35	7
37	14
41	1
43	4
45	23
47	3
51	17
53	12
55	9
57	6
63	20

[1] 55 − 4 =
[2] 55 − 14 =
[3] 55 − 24 =

[4] 69 − 12 =
[5] 69 − 22 =
[6] 69 − 32 =

[7] 48 − 13 =
[8] 58 − 13 =
[9] 68 − 13 =

[10] 66 − 23 =
[11] 76 − 23 =
[12] 86 − 23 =

Erst ein kleiner Schritt, ...
... dann ein großer Schritt.
Oder umgekehrt.

[13] 74 − 34 =
[14] 68 − 42 =
[15] 59 − 24 =

[16] 87 − 31 =
[17] 56 − 15 =
[18] 93 − 32 =

[19] 99 − 24 =
[20] 76 − 43 =
[21] 88 − 45 =

[22] 64 − 32 =
[23] 78 − 41 =
[24] 57 − 23 =

[13] bis [24]

Lösung	26	32	33	34	35	37	40	41	43	56	61	75
Feld	13	2	11	16	21	24	5	19	15	18	22	8

Rechendreiecke

Rechne so:
[1]   13 + 55 = ▢
      13 + 55 = 68
Lege Plättchen [1] in Feld 10.

Oder rechne so:
55 + 13 = ▢
55 + 13 = 68

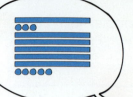

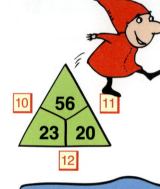

[1] bis [12]	Lösung	36	43	54	59	67	68	70	76	79	87	89	96
	Feld	5	6	7	8	3	10	9	4	2	1	11	12

Rechne so:
[13] 13 + ▢ = 35
      13 + 22 = 35
Lege Plättchen [13] in Feld 21.

Oder rechne so:
35 − 13 = ▢
35 − 13 = 22

[13] bis [24]	Lösung	14	15	21	22	24	30	31	32	33	34	43	46
	Feld	22	23	20	21	16	18	17	14	19	24	13	15

Gleichungen und Ungleichungen

kleiner als, gleich oder größer als

Welches Zeichen passt hierher?
Rechne vorher die Plusaufgabe aus.

1	34 + 20 ◯ 55	<◯ 12	=◯ 3	>◯ 11
2	35 + 21 ◯ 55	<◯ 7	=◯ 2	>◯ 8
3	36 + 22 ◯ 58	<◯ 7	=◯ 10	>◯ 12
4	37 + 23 ◯ 58	<◯ 8	=◯ 2	>◯ 11

5	23 + 13 ◯ 26	<◯ 7	=◯ 2	>◯ 3
6	24 + 13 ◯ 26	<◯ 10	=◯ 9	>◯ 7
7	25 + 13 ◯ 29	<◯ 12	=◯ 4	>◯ 1
8	26 + 13 ◯ 29	<◯ 11	=◯ 4	>◯ 5

9	48 + 21 ◯ 70	<◯ 9	=◯ 1	>◯ 6
10	47 + 21 ◯ 68	<◯ 1	=◯ 4	>◯ 9
11	46 + 21 ◯ 68	<◯ 6	=◯ 5	>◯ 10
12	45 + 21 ◯ 65	<◯ 6	=◯ 5	>◯ 2

Welches Zeichen passt hierher?
Rechne vorher die Minusaufgabe aus.

13	78 − 45 ◯ 34	<◯ 23	=◯ 16	>◯ 24
14	78 − 44 ◯ 33	<◯ 17	=◯ 15	>◯ 19
15	78 − 43 ◯ 35	<◯ 19	=◯ 21	>◯ 22
16	78 − 42 ◯ 35	<◯ 23	=◯ 13	>◯ 24

17	59 − 28 ◯ 30	<◯ 20	=◯ 18	>◯ 14
18	59 − 26 ◯ 33	<◯ 13	=◯ 22	>◯ 16
19	59 − 24 ◯ 36	<◯ 13	=◯ 24	>◯ 17
20	59 − 22 ◯ 36	<◯ 17	=◯ 22	>◯ 18

21	64 − 34 ◯ 29	<◯ 20	=◯ 19	>◯ 15
22	65 − 33 ◯ 33	<◯ 20	=◯ 13	>◯ 23
23	66 − 32 ◯ 34	<◯ 18	=◯ 17	>◯ 15
24	67 − 31 ◯ 37	<◯ 16	=◯ 21	>◯ 18

Verdoppeln und Halbieren

21 + 21 = ☐
Verdopple so:
20 + 20 = 40
1 + 1 = 2
40 + 2 = 42

36 + 36 = ☐
Verdopple so:
30 + 30 = 60
6 + 6 = 12
60 + 12 = 72

Verdopple.

1	20 + 20 =	5	35 + 35 =	9	17 + 17 =
2	50 + 50 =	6	15 + 15 =	10	27 + 27 =
3	30 + 30 =	7	45 + 45 =	11	37 + 37 =
4	40 + 40 =	8	25 + 25 =	12	47 + 47 =

1 bis 12

Lösung	30	34	40	50	54	60	70	74	80	90	94	100
Feld	22	19	23	18	13	20	14	17	24	16	15	21

60 = ▮ + ▮
Halbiere so:
60 = 30 + 30

48 = ▮ + ▮
Halbiere so:
40 = 20 + 20
8 = 4 + 4
48 = 24 + 24

Halbiere.

13	20 = ▮ + ▮	19	72 = ▮ + ▮
14	24 = ▮ + ▮	20	52 = ▮ + ▮
15	44 = ▮ + ▮	21	32 = ▮ + ▮
16	66 = ▮ + ▮	22	18 = ▮ + ▮
17	48 = ▮ + ▮	23	38 = ▮ + ▮
18	84 = ▮ + ▮	24	58 = ▮ + ▮

13 bis 24

Lösung	Feld
9 + 9	9
10 + 10	12
12 + 12	10
16 + 16	1
19 + 19	6
22 + 22	8
24 + 24	3
26 + 26	5
29 + 29	2
33 + 33	11
36 + 36	4
42 + 42	7

Umkehraufgaben

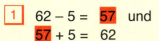

1 62 − 5 = **57** und
57 + 5 = 62
Lege Plättchen **1** in Feld 19.

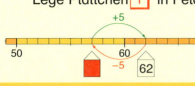

Umkehraufgaben:
62 − 5 = ▨
▨ + 5 = 62

1 62 − 5 = ▨ ▨ + 5 = 62	**5** 74 − 13 = ▨ ▨ + 13 = 74	**9** 89 − 31 = ▨ ▨ + 31 = 89
2 52 − 5 = ▨ ▨ + 5 = 52	**6** 64 − 13 = ▨ ▨ + 13 = 64	**10** 99 − 31 = ▨ ▨ + 31 = 99
3 74 − 8 = ▨ ▨ + 8 = 74	**7** 69 − 14 = ▨ ▨ + 14 = 69	**11** 85 − 21 = ▨ ▨ + 21 = 85
4 64 − 8 = ▨ ▨ + 8 = 64	**8** 79 − 14 = ▨ ▨ + 14 = 79	**12** 75 − 21 = ▨ ▨ + 21 = 75

1 bis **12**

Lösung	47	51	54	55	56	57	58	61	64	65	66	68
Feld	23	24	17	18	20	19	21	15	13	14	22	16

13 43 + 24 = ▨ ▨ − 24 = 43	**17** 61 + 36 = ▨ ▨ − 36 = 61	**21** 52 + 21 = ▨ ▨ − 21 = 52
14 53 + 24 = ▨ ▨ − 24 = 53	**18** 61 + 26 = ▨ ▨ − 26 = 61	**22** 54 + 31 = ▨ ▨ − 31 = 54
15 65 + 24 = ▨ ▨ − 24 = 65	**19** 32 + 36 = ▨ ▨ − 36 = 32	**23** 64 + 26 = ▨ ▨ − 26 = 64
16 75 + 24 = ▨ ▨ − 24 = 75	**20** 32 + 46 = ▨ ▨ − 46 = 32	**24** 47 + 33 = ▨ ▨ − 33 = 47

13 bis **24**

Lösung	67	68	73	77	78	80	85	87	89	90	97	99
Feld	8	6	3	12	1	4	11	10	9	2	5	7

Geschicktes Addieren und Subtrahieren mit drei Zahlen

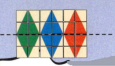

Beispiel: 49 + 15 + 21 =

Ich vertausche die Zahlen.
49 + 21 + 15 =
70   + 15 = 85

1. 23 + 22 + 47 =
2. 52 + 14 + 28 =
3. 26 + 23 + 34 =
4. 27 + 28 + 33 =
5. 45 + 35 + 16 =
6. 48 + 12 + 38 =
7. 44 + 27 + 26 =
8. 51 + 15 + 19 =
9. 55 + 19 + 25 =
10. 47 + 29 + 13 =
11. 39 + 26 + 21 =
12. 28 + 32 + 35 =

1 bis 12

Lösung	Feld
83	12
85	1
86	2
88	8
89	6
92	7
94	9
95	4
96	5
97	3
98	10
99	11

Die Aufgabe
84 − 29 − 34 =
rechne ich so:
84 − 34 − 29 =
50   − 29 = 21

Mit vollen Zehnern geht es immer leichter.

13. 93 − 37 − 13 =
14. 94 − 34 − 26 =
15. 85 − 21 − 15 =
16. 75 − 29 − 35 =
17. 67 − 32 − 17 =
18. 89 − 29 − 23 =
19. 91 − 15 − 31 =
20. 76 − 24 − 26 =
21. 63 − 16 − 33 =
22. 92 − 33 − 42 =
23. 78 − 37 − 18 =
24. 65 − 19 − 25 =

13 bis 24

Lösung	Feld
11	20
14	17
17	22
18	15
21	18
23	14
26	13
34	21
37	24
43	19
45	16
49	23

Ergänzen bis zum vollen Zehner

Beispiele:

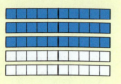

30 + 20 = 50

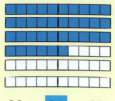

36 + 24 = 60

1	20 + ☐ = 40	5	17 + ☐ = 30	9	29 + ☐ = 70
2	23 + ☐ = 50	6	50 + ☐ = 90	10	18 + ☐ = 40
3	44 + ☐ = 80	7	65 + ☐ = 90	11	62 + ☐ =100
4	40 + ☐ = 70	8	31 + ☐ = 50	12	26 + ☐ = 60

1 bis 12

Lösung	13	19	20	22	25	27	30	34	36	38	40	41
Feld	7	11	6	8	9	4	5	10	1	12	3	2

Wie viel fehlt bis zur Zahl im blauen Feld?

13 bis 24

Lösung	15	17	18	20	23	26	28	29	32	33	37	39
Feld	15	14	18	23	20	17	21	13	24	22	19	16

Geldbeträge ergänzen

1 € = 100 ct

Wie viel ct fehlen noch bis 1 €?

| 1 | bis | 12 |

Lösung	Feld
28 ct	7
29 ct	8
38 ct	1
39 ct	6
40 ct	11
43 ct	5
50 ct	4
55 ct	10
58 ct	9
59 ct	3
65 ct	2
68 ct	12

Wie viel € fehlen noch bis 100 €?

| 13 | bis | 24 |

Lösung	Feld
25 €	17
38 €	20
40 €	21
43 €	19
44 €	18
47 €	22
55 €	13
58 €	23
59 €	14
65 €	16
68 €	24
73 €	15

23

Addieren mit kleinen und großen Schritten

Beispiel: 46 + 27 =

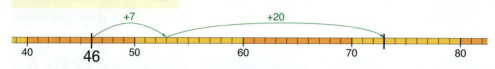

1	56 + 5 =
2	56 + 15 =
3	77 + 7 =
4	77 + 17 =
5	35 + 8 =
6	35 + 28 =

7	66 + 9 =
8	66 + 29 =
9	49 + 8 =
10	49 + 38 =
11	38 + 4 =
12	38 + 44 =

46 + 7 + 20 = 73

1 bis 12

Lösung	42	43	57	61	63	71	75	82	84	87	94	95
Feld	1	6	18	14	15	16	4	3	17	5	13	2

Beispiel: 38 + 26 =

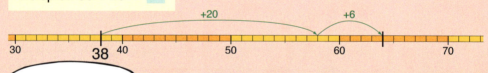

38 + 20 + 6 = 64

13	65 + 10 =
14	65 + 18 =
15	47 + 20 =
16	47 + 27 =
17	24 + 60 =
18	24 + 68 =

19	36 + 40 =
20	36 + 46 =
21	38 + 30 =
22	38 + 33 =
23	29 + 50 =
24	29 + 57 =

13 bis 24

Lösung	67	68	71	74	75	76	79	82	83	84	86	92
Feld	24	12	21	19	20	9	7	8	22	10	11	23

Subtrahieren mit kleinen und großen Schritten

Beispiel: 75 − 27 =

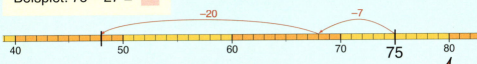

1	44 − 8 =
2	44 − 18 =
3	43 − 5 =
4	43 − 25 =
5	56 − 7 =
6	56 − 37 =

7	62 − 4 =
8	62 − 34 =
9	51 − 6 =
10	51 − 26 =
11	64 − 9 =
12	64 − 29 =

75 − 7 − 20 = 48

1 bis 12	Lösung	18	19	25	26	28	35	36	38	45	49	55	58
	Feld	7	11	15	12	2	5	8	21	22	16	1	6

Beispiel: 81 − 34 =

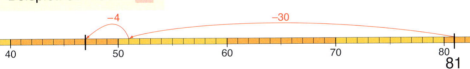

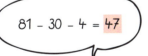

81 − 30 − 4 = 47

13	45 − 10 =
14	45 − 17 =
15	63 − 30 =
16	63 − 38 =
17	71 − 40 =
18	71 − 49 =

19	96 − 60 =
20	96 − 69 =
21	82 − 50 =
22	82 − 56 =
23	64 − 40 =
24	64 − 47 =

13 bis 24	Lösung	17	22	24	25	26	27	28	31	32	33	35	36
	Feld	3	9	13	19	23	14	24	18	4	10	20	17

Rechenwege beim Addieren

Beispiel: 37 + 25 =

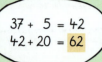
37 + 5 = 42
42 + 20 = 62

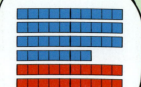
37 + 25 = 62
37 + 5 + 20 = 62

37 + 20 + 5 = 62

37 + 20 = 57
57 + 5 = 62

1 68 + 29 =	5 58 + 27 =	9 23 + 59 =
2 73 + 17 =	6 65 + 28 =	10 45 + 33 =
3 55 + 26 =	7 38 + 35 =	11 84 + 15 =
4 27 + 52 =	8 74 + 18 =	12 46 + 26 =

1 bis 12

Lösung	72	73	78	79	81	82	85	90	92	93	97	99
Feld	14	13	3	24	9	10	4	19	17	20	23	18

13 55 + 19 =	17 59 + 29 =	21 29 + 38 =
14 49 + 37 =	18 47 + 24 =	22 44 + 28 =
15 36 + 28 =	19 28 + 33 =	23 48 + 18 =
16 37 + 36 =	20 63 + 19 =	24 37 + 48 =

13 bis 24

Lösung	61	64	66	67	71	72	73	74	82	85	86	88
Feld	2	22	6	16	21	8	12	11	5	15	7	1

Rechenwege beim Subtrahieren

Beispiel: 54 − 36 =

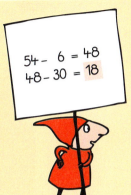

54 − 6 = 48
48 − 30 = 18

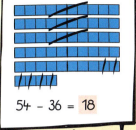

54 − 36 = 18

54 − 30 − 6 = 18

54 − 6 − 30 = 18

1	79 − 58 =	5	77 − 47 =	9	42 − 16 =
2	44 − 17 =	6	62 − 47 =	10	38 − 19 =
3	67 − 38 =	7	81 − 46 =	11	67 − 33 =
4	64 − 25 =	8	56 − 38 =	12	92 − 64 =

1 bis 12

Lösung	15	18	19	21	27	26	28	29	30	34	35	39
Feld	24	7	15	19	11	22	12	21	16	2	5	8

13	34 − 18 =	17	62 − 49 =	21	57 − 18 =
14	61 − 38 =	18	85 − 47 =	22	93 − 65 =
15	86 − 57 =	19	48 − 29 =	23	94 − 77 =
16	51 − 26 =	20	52 − 38 =	24	73 − 36 =

13 bis 24

Lösung	13	14	16	17	19	23	25	28	29	37	38	39
Feld	17	1	13	14	6	23	20	18	10	3	9	4

Addieren und Subtrahieren mit und ohne Zehnerüberschreitung

Beispiel: 57 + 15 = ☐

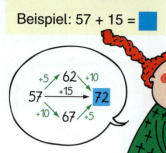

Beispiel: 57 − 15 = ☐

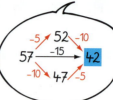

1	68 + 15 =	5	74 + 16 =	9	51 + 19 =
2	68 − 15 =	6	74 − 16 =	10	51 − 19 =
3	72 + 27 =	7	66 + 28 =	11	63 + 26 =
4	72 − 27 =	8	66 − 28 =	12	63 − 26 =

1 bis 12

Lösung	32	37	38	45	53	58	70	83	89	90	94	99
Feld	15	17	14	19	24	23	22	20	13	16	18	21

Achte auf die Rechenzeichen!

+25
37 → 13
28 → 14
46 → 15

−27
76 → 16
61 → 17
85 → 18

+34
29 → 19
17 → 20
38 → 21

−35
92 → 22
74 → 23
81 → 24

13 bis 24

Lösung	34	39	46	49	51	53	57	58	62	63	71	72
Feld	6	1	3	7	2	12	11	9	8	5	10	4

Rechentafeln

+	26	38	19	47
48	1	2	3	4
35	5	6	7	8
37	9	10	11	12

Ich hole meine Aufgabenzahlen zuerst von links und dann von oben.

So geht das:
[1] 48 + 26 = 74
Lege Plättchen [1] in Feld 22.

[1] bis [12]

Lösung	54	56	61	63	67	73	74	75	82	84	86	95
Feld	13	16	17	24	23	19	22	18	15	14	20	21

−	24	48	36	19
82	13	14	15	16
74	17	18	19	20
93	21	22	23	24

Das ist die Aufgabe [13]
82 − 24 = ■.

[13] bis [24]

Lösung	26	34	38	45	46	50	55	57	58	63	69	74
Feld	12	7	1	8	11	2	4	3	9	10	6	5

Zahlenmauern aus sechs Steinen

Welche Zahlen fehlen in den Mauern?
Beispiel:    Rechne so:
⬜1   25 + 19 = 44 oder 19 + 25 = 44
oder 92 − 48 = 44 oder 92 − 44 = 48

Lege Plättchen ⬜1 in Feld 12.

⬜1 bis ⬜12													
Lösung	13	18	26	27	29	35	43	44	45	49	91	96
Feld	1	4	11	2	8	3	7	12	6	10	9	5

 Nach oben plus. ↑
Nach unten minus. ↓

Das sind ja Aufgaben für Rechenkünstler!

Welche Zahlen fehlen hier?

⬜13 bis ⬜24													
Lösung	13	17	18	19	24	32	39	51	62	63	69	71
Feld	22	17	16	21	18	20	13	24	23	19	14	15

Rechnen mit Rechenvorteil

Beispiel: 67 + 28 =

Rechne vorteilhaft:
67 + 30 − 2 =
97 − 2 = 95

Beispiel: 92 − 18 =

Rechne vorteilhaft:
92 − 20 + 2 =
72 + 2 = 74

+30 − 1   1 bis 12

	62+29 =
1	62+29 =
2	75+18 =
3	68+29 =
4	48+38 =
5	56+19 =
6	49+38 =
7	23+48 =
8	22+59 =
9	48+44 =
10	54+28 =
11	76+19 =
12	45+39 =

Lösung	Feld
71	21
75	19
81	23
82	20
84	22
86	18
87	16
91	17
92	13
93	15
95	24
97	14

−40 + 1   13 bis 24

13	64−39 =
14	62−29 =
15	33−18 =
16	93−49 =
17	76−28 =
18	75−49 =
19	86−59 =
20	95−39 =
21	41−19 =
22	75−38 =
23	77−28 =
24	88−49 =

Lösung	Feld
15	1
22	7
25	5
26	2
27	10
33	3
37	4
39	8
44	6
48	9
49	12
56	11

+50 −1

+49 →
26	1
17	2
35	3

−60 +1

−59 →
84	4
91	5
93	6

+40 −2

+38 →
49	7
34	8
38	9

−50 +2

−48 →
76	10
92	11
85	12

Lösung	25	28	32	34	37	44	66	72	75	76	84	87
Feld	6	9	10	2	7	11	1	12	5	3	4	8